Rosaire Médité

A partir des messages des apparitions de la Sainte Vierge Marie au Sanctuaire de Notre Dame du Laus

Patrick MARAJO

FSC
www.fsc.org
MIXTE
Papier issu
de sources
responsables
Paper from
responsible sources
FSC® C105338

Rosaire Médité

A partir des messages des apparitions de la Sainte Vierge Marie au Sanctuaire de Notre Dame du Laus

Patrick MARAJO

Édition : BoD – Books on Demand, info@bod.fr
Impression : BoD – Books on Demand, In de Tarpen 42, Norderstedt (Allemagne)

Impression à la demande
ISBN : 978-2-3224-8748-6
Dépôt légal : juillet 2024

Table des matières

Les 15 promesses de la Vierge Marie révélées en 1460 au bienheureux Alain de la Roche (1428-1475), révérend père dominicain du couvent de Dinan à ceux qui récitent la prière du chapelet :

1. A tous ceux qui réciteront dévotement mon Rosaire, je promets ma protection toute spéciale et de très grandes grâces.

2. Celui qui persévérera dans la récitation de mon Rosaire recevra quelques grâces signalées.

3. Le Rosaire sera une armure très puissante contre l'enfer. Il détruira les vices, délivrera du péché, dissipera les hérésies.

4. Le Rosaire fera fleurir les vertus et les bonnes œuvres et obtiendra aux âmes les miséricordes divines les plus abondantes ; il substituera dans les cœurs l'amour de Dieu à l'amour du monde, les élevant au désir des biens célestes et éternels. Que d'âmes se sanctifieront par ce moyen !

5. Celui qui se confie en moi par le Rosaire, ne périra pas.

6. Celui qui récitera pieusement mon Rosaire en considérant ses mystères, ne sera pas accablé par le malheur. Pécheur, il se convertira; juste, il croîtra en grâce et deviendra digne de la vie éternelle.

7. Les vrais dévots de mon Rosaire seront aidés à leur mort par les secours du Ciel.

8. Ceux qui récitent mon Rosaire trouveront pendant leur vie et à leur mort, la lumière de Dieu, la plénitude de ses grâces et ils participeront aux mérites des Bienheureux.

9. Je délivrerai très promptement du purgatoire les âmes dévotes à mon Rosaire.

10, Les véritables enfants de mon Rosaire jouiront d'une grande gloire dans le Ciel.

11. Ce que vous demanderez par mon Rosaire, vous l'obtiendrez.

12. Ceux qui propageront mon Rosaire seront secourus par moi dans toutes leurs nécessités.

13. J'ai obtenu de mon Fils que tous les confrères du Rosaire aient pour frères, en la vie et à la mort, les Saints du ciel.

14. Ceux qui récitent fidèlement mon Rosaire sont tous mes fils bien-aimés, les frères et sœurs de Jésus-Christ.

15. La dévotion à mon Rosaire est un grand signe de prédestination.

Structure du Chapelet

Le chapelet traditionnel comporte cinq dizaines, chacune composée d'un Notre Père, de dix Je vous salue Marie et d'un Gloire au Père. Chaque dizaine est méditée en se concentrant sur un mystère de la vie de Jésus et de la Vierge Marie.

On commence par l'extrémité du chapelet en priant le « Je crois en Dieu » sur la croix, un « Notre Père » sur le premier grain, trois « Je vous salue » sur les trois grains suivants et un « Gloire au Père sur le quatrième grain, avant de commencer les méditations du Chapelet.

Prier le chapelet est une belle manière de méditer sur la vie de Jésus et de Marie tout en demandant leurs intercessions.

Mystères du Rosaire

Il existe quatre ensembles de mystères :

1. **Les Mystères Joyeux** (lundi et samedi)

    - L'Annonciation

    - La Visitation

    - La Nativité

    - La Présentation de Jésus au Temple

    - Le Recouvrement de Jésus au Temple

2. **Les Mystères Lumineux** (jeudi)

    - Le Baptême de Jésus dans le Jourdain

    - Les Noces de Cana

    - La Proclamation du Royaume de Dieu

    - La Transfiguration

    - L'Institution de l'Eucharistie

3. **Les Mystères Douloureux** (mardi et vendredi)

    - L'Agonie de Jésus au Jardin des Oliviers

    - La Flagellation

    - Le Couronnement d'épines

    - Le Portement de la Croix

    - La Crucifixion

4. **Les Mystères Glorieux** (mercredi et dimanche)

- La Résurrection

- L'Ascension

- La Pentecôte

- L'Assomption

- Le Couronnement de Marie

Comment prier le chapelet

1. **Faites le signe de la croix** : "Au nom du Père, et du Fils, et du Saint-Esprit. Amen."
2. **Récitez le Credo** (Symbole des Apôtres).
3. **Dites un Notre Père** sur le premier gros grain.
4. **Dites trois Je vous salue Marie** sur les trois petits grains suivants pour les vertus de foi, d'espérance et de charité.
5. **Dites un Gloire au Père**.
6. **Annoncez le premier mystère** et récitez un Notre Père.
7. **Récitez dix Je vous salue Marie** en méditant sur le mystère.
8. **Dites un Gloire au Père et la prière de Fatima**.
9. **Répétez les étapes 6 à 8** pour les quatre autres mystères.

Le signe de la croix

"Au nom du Père, et du Fils, et du Saint-Esprit. Amen."

Prière du Credo (Symbole des Apôtres)

Je crois en Dieu,
le Père tout-puissant,
créateur du ciel et de la terre ;
et en Jésus-Christ,
son Fils unique, notre Seigneur,
qui a été conçu du Saint-Esprit,

est né de la Vierge Marie,
a souffert sous Ponce Pilate,
a été crucifié,
est mort et a été enseveli,
est descendu aux enfers,
le troisième jour est ressuscité des morts,
est monté aux cieux,
est assis à la droite de Dieu le Père tout-puissant,
d'où il viendra juger les vivants et les morts.
Je crois en l'Esprit-Saint,
à la sainte Eglise catholique,
à la communion des saints,
à la rémission des péchés,
à la résurrection de la chair,
à la vie éternelle.
Amen.

Prière du "Notre Père"

"Notre Père, qui êtes aux cieux, que votre nom soit sanctifié ; que votre règne vienne ; que votre volonté soit faite sur la terre comme au ciel. Donnez-nous aujourd'hui notre pain de ce jour ; pardonnez-nous nos offenses, comme nous pardonnons aussi à ceux qui nous ont offensés ; et ne nous laissez pas entrer en tentation, mais délivrez-nous du mal. Amen."

Prière du "Je vous salue, Marie"

"Je vous salue, Marie, pleine de grâce ; le Seigneur est avec vous ; vous êtes bénie entre toutes les femmes, et Jésus, le fruit de vos entrailles, est béni. Sainte Marie,

Mère de Dieu, priez pour nous, pauvres pécheurs, maintenant et à l'heure de notre mort. Amen."

Prière du "Gloire au Père"

"Gloire au Père, au Fils et au Saint-Esprit. Comme il était au commencement, maintenant et toujours, et dans les siècles des siècles. Amen."

La prière de Fatima :

"Ô mon Jésus, pardonnez-nous nos péchés, préservez-nous du feu de l'enfer et conduisez toutes les âmes au ciel, surtout celles qui ont le plus besoin de votre miséricorde."

1. L'Annonciation

Méditation : L'Ange Gabriel apparut à Marie pour lui annoncer qu'elle serait la mère du Sauveur. Marie, dans son humilité et son obéissance, accepta cette mission divine en disant : « Je suis la servante du Seigneur ; qu'il me soit fait selon ta parole » (Luc 1:38).

Extrait de la vie de Benoîte : Benoîte Rencurel, née en 1647 à Saint-Étienne d'Avançon, désormais Saint-Étienne-le-Laus (Hautes Alpes), était une jeune bergère analphabète. Dès son enfance, elle montra une grande piété et une dévotion particulière envers la Vierge Marie. Un jour de mai 1664, alors qu'elle gardait son troupeau dans les alpages, Benoîte vit apparaître une belle dame avec un enfant dans ses bras. C'était la première apparition de la Vierge Marie à Benoîte. Marie lui demanda de prier continuellement et de se consacrer à la prière pour la conversion des pécheurs.

Message de la Sainte Vierge à Benoîte : « Ma fille, je suis venue pour te consoler et pour t'enseigner comment consoler les autres. Je te demande de prier beaucoup pour la conversion des pécheurs et de ne jamais te lasser de prier. »

Intention de prière : Prions pour que nous puissions, comme Benoîte Rencurel, accepter la volonté de Dieu dans nos vies avec foi et humilité.

Notre Père … (1 fois)
Je vous salue Marie… (10 fois)
Gloire au Père… (1 fois)
Ô mon Jésus … (1 fois)

2. La Visitation

Méditation : Marie, portant Jésus dans son sein, rendit visite à sa cousine Élisabeth. Lorsqu'Élisabeth entendit la salutation de Marie, l'enfant tressaillit dans son sein, et elle fut remplie de l'Esprit Saint.

Extrait de la vie de Benoîte : Benoîte fut souvent visitée par la Sainte Vierge, qui lui enseigna la charité et la miséricorde. Un jour, la Vierge lui dit : « Ma fille, va rendre visite aux malades et aux pauvres, console-les et prie pour eux. » Benoîte obéit et passa une grande partie de sa vie à servir les malades et les nécessiteux de sa région.

Message de la Sainte Vierge à Benoîte : « Ma chère enfant, sache que toute charité que tu fais pour les autres, c'est à moi que tu la fais. Prends soin des malades et des pauvres avec amour et dévotion. »

Intention de prière : Prions pour que nous soyons toujours attentifs aux besoins des autres et prêts à servir avec amour et générosité.

Notre Père … (1 fois)
Je vous salue Marie… (10 fois)
Gloire au Père… (1 fois)
Ô mon Jésus … (1 fois)

3. La Nativité

Méditation : Jésus est né dans une humble crèche à Bethléem. L'Enfant Jésus, Roi de l'univers, a choisi de venir au monde dans la pauvreté et la simplicité.

Extrait de la vie de Benoîte : Lors des apparitions, la Sainte Vierge montra à Benoîte une vision de la Nativité. Elle lui dit : « Vois, ma fille, comment mon Fils est né dans la plus grande pauvreté. Apprends de cette leçon à vivre dans la simplicité et l'humilité, et à te contenter de ce que Dieu te donne. » Benoîte, touchée par cette vision, vécut une vie de grande simplicité, consacrée à Dieu et aux autres.

Message de la Sainte Vierge à Benoîte : « Mon enfant, la véritable richesse se trouve dans l'humilité et la simplicité de cœur. Accueille mon Fils avec un cœur pur et humble. »

Intention de prière : Prions pour que nos cœurs soient ouverts à la simplicité et à l'humilité, afin que nous puissions accueillir Jésus avec une foi pure.

Notre Père ... (1 fois)
Je vous salue Marie... (10 fois)
Gloire au Père... (1 fois)
Ô mon Jésus ... (1 fois)

4. La Présentation au Temple

Méditation : Marie et Joseph présentent Jésus au Temple, où ils rencontrent Siméon et Anne, qui reconnaissent en cet enfant le Sauveur attendu.

Extrait de la vie de Benoîte : Un jour, lors d'une de ses visions, la Vierge Marie montra à Benoîte la scène de la Présentation au Temple. Marie lui dit : « Comme moi, présente chaque jour ton cœur à Dieu dans la prière et l'obéissance. Sois fidèle aux enseignements de l'Église et vis chaque jour en état de grâce. » Benoîte suivit ce conseil toute sa vie, restant fidèle à la prière et à la vie sacramentelle.

Message de la Sainte Vierge à Benoîte : « Ma fille, la fidélité à Dieu et aux sacrements est la clé de la sainteté. Vis chaque jour dans la grâce et l'obéissance à la volonté divine. »

Intention de prière : Prions pour que nous restions toujours fidèles à Dieu et aux sacrements de l'Eglise.

Notre Père ... (1 fois)
Je vous salue Marie... (10 fois)
Gloire au Père... (1 fois)
Ô mon Jésus ... (1 fois)

5. Le Recouvrement de Jésus au Temple

Méditation : À l'âge de douze ans, Jésus reste à Jérusalem sans que ses parents ne le sachent. Après trois jours de recherche, Marie et Joseph le retrouvent dans le Temple, discutant avec les docteurs de la loi.

Extrait de la vie de Benoîte : Benoîte vécut aussi des moments de doute et d'inquiétude. Un jour, elle se sentit perdue et délaissée, mais la Vierge lui apparut et lui dit : « Ma fille, ne te décourage jamais. Même dans les moments de doute, cherche toujours mon Fils avec foi et persévérance. » Ce message réconforta Benoîte et elle continua sa mission avec plus de zèle.

Message de la Sainte Vierge à Benoîte : « Mon enfant, cherche toujours Jésus dans toutes les circonstances de ta vie. Même dans les moments d'inquiétude, garde la foi et persévère dans la prière. »

Intention de prière : Prions pour que nous cherchions toujours Jésus dans toutes les circonstances de nos vies et que nous restions fidèles à sa volonté.

Notre Père ... (1 fois)
Je vous salue Marie... (10 fois)
Gloire au Père... (1 fois)
Ô mon Jésus ... (1 fois)

Mystères Lumineux

1. Le Baptême de Jésus dans le Jourdain

Méditation : Jésus est baptisé par Jean dans le Jourdain. Les cieux s'ouvrent et la voix du Père se fait entendre : « Celui-ci est mon Fils bien-aimé ; en lui j'ai mis toute mon affection » (Matthieu 3:17).

Extrait de la vie de Benoîte : La Sainte Vierge parla souvent à Benoîte de l'importance du baptême. Lors d'une apparition, elle dit : « Benoîte, mon enfant, souviens-toi que par le baptême, tu es devenue enfant de Dieu. Vis toujours dans la lumière de ton baptême et sois fidèle à cette grâce. » Benoîte comprit l'importance de cette grâce et vécut en conséquence, cherchant toujours à être une lumière pour les autres.

Message de la Sainte Vierge à Benoîte : « Mon enfant, rappelle-toi toujours de la dignité de ton baptême et vis comme un enfant de lumière. »

Intention de prière : Prions pour que nous restions toujours fidèles à notre baptême et que nous soyons des témoins de la lumière du Christ dans le monde.

Notre Père ... (1 fois)
Je vous salue Marie... (10 fois)
Gloire au Père... (1 fois)
Ô mon Jésus ... (1 fois)

2. Les Noces de Cana

Méditation : À Cana, lors d'un mariage, Marie demande à Jésus d'intervenir quand le vin vient à manquer. Jésus accomplit son premier miracle, transformant l'eau en vin.

Extrait de la vie de Benoîte : Benoîte fut témoin de nombreuses grâces et miracles à travers les apparitions de la Vierge. Lors d'une occasion particulière, un malade fut guéri miraculeusement après avoir prié avec Benoîte au sanctuaire de Notre-Dame du Laus. La Sainte Vierge dit à Benoîte : « Vois, ma fille, comme mon Fils répond toujours aux prières confiantes. N'hésite jamais à lui demander avec foi et à intercéder pour les autres. »

Message de la Sainte Vierge à Benoîte : « Mon enfant, aie confiance en la miséricorde de mon Fils. Par mon intercession, beaucoup de grâces seront accordées. »

Intention de prière : Prions pour que nous ayons toujours confiance en l'intercession de Marie et que nous recourions à elle dans nos besoins.

Notre Père ... (1 fois)
Je vous salue Marie... (10 fois)
Gloire au Père... (1 fois)
Ô mon Jésus ... (1 fois)

3. La Proclamation du Royaume de Dieu

Méditation : Jésus proclame l'avènement du Royaume de Dieu et appelle à la conversion.

Extrait de la vie de Benoîte : La Vierge Marie a souvent insisté auprès de Benoîte sur l'importance de la conversion et du repentir. Un jour, elle lui dit : « Benoîte, ma fille, le monde a besoin de conversion. Prie et offre des sacrifices pour la conversion des pécheurs. » Benoîte, touchée par cette demande, passa de nombreuses heures en prière et en pénitence pour les âmes.

Message de la Sainte Vierge à Benoîte : « Mon enfant, la conversion des cœurs est essentielle pour le salut. Prie sans cesse pour la conversion des pécheurs et sois un exemple de repentance. »

Intention de prière : Prions pour la conversion des pécheurs et pour notre propre conversion.

Notre Père ... (1 fois)
Je vous salue Marie... (10 fois)
Gloire au Père... (1 fois)
Ô mon Jésus ... (1 fois)

4. La Transfiguration

Méditation : Sur le mont Thabor, Jésus est transfiguré devant Pierre, Jacques et Jean. Son visage devient brillant comme le soleil et ses vêtements blancs comme la lumière. La voix du Père se fait entendre : « Celui-ci est mon Fils bien-aimé, écoutez-le » (Matthieu 17:5).

Extrait de la vie de Benoîte : Benoîte eut également des expériences mystiques où elle vit la gloire divine. Un jour, lors d'une apparition, la Vierge lui dit : « Vois, Benoîte, la gloire de mon Fils. Cherche toujours sa face et laisse-toi transformer par sa lumière. » Cette vision renforça la foi de Benoîte et la poussa à chercher toujours plus profondément la présence de Dieu.

Message de la Sainte Vierge à Benoîte : « Mon enfant, cherche la face de mon Fils et laisse-toi transformer par sa lumière divine. »

Intention de prière : Prions pour que nous cherchions toujours la présence de Dieu dans nos vies et que nous nous laissions transformer par sa lumière divine.

Notre Père ... (1 fois)
Je vous salue Marie... (10 fois)
Gloire au Père... (1 fois)
Ô mon Jésus ... (1 fois)

5. L'Institution de l'Eucharistie

Méditation : Lors de la Dernière Cène, Jésus institue l'Eucharistie, se donnant à nous en nourriture spirituelle. Il dit : « Prenez et mangez, ceci est mon corps... Buvez-en tous, car ceci est mon sang » (Matthieu 26:26-28).

Extrait de la vie de Benoîte : Benoîte avait une dévotion particulière pour l'Eucharistie. La Vierge Marie lui apparut et lui dit : « Benoîte, mon Fils est présent dans l'Eucharistie. Participe souvent à la messe et reçois-le avec un cœur pur. » Benoîte suivit ce conseil et fit de l'Eucharistie le centre de sa vie spirituelle.

Message de la Sainte Vierge à Benoîte : « Mon enfant, l'Eucharistie est la source de toute grâce. Reçois-la avec foi et dévotion, et trouve-y la force pour ta vie spirituelle. »

Intention de prière : Prions pour que nous vivions l'Eucharistie avec foi et dévotion, reconnaissant en elle le centre de notre vie spirituelle.

Notre Père ... (1 fois)
Je vous salue Marie... (10 fois)
Gloire au Père... (1 fois)
Ô mon Jésus ... (1 fois)

Mystères Douloureux

1. L'Agonie de Jésus au Jardin des Oliviers

Méditation : Dans le jardin de Gethsémani, Jésus prie et souffre une grande agonie en anticipant sa Passion. Il dit : « Père, si tu veux, éloigne de moi cette coupe ! Cependant, que ce ne soit pas ma volonté, mais la tienne qui se fasse » (Luc 22:42).

Extrait de la vie de Benoîte : Benoîte vécut également des moments de grande souffrance et d'agonie spirituelle. Un jour, la Vierge Marie lui apparut et dit : « Ma fille, offre tes souffrances en union avec celles de mon Fils. Il te donnera la force de persévérer. » Benoîte comprit alors que ses souffrances pouvaient être unies à celles du Christ pour la rédemption du monde.

Message de la Sainte Vierge à Benoîte : « Mon enfant, dans tes moments de souffrance, unis-toi à la Passion de mon Fils et trouve en lui la force de persévérer. »

Intention de prière : Prions pour que nous ayons la force de rester fidèles à Dieu dans nos moments de souffrance et d'épreuve, en nous unissant à la Passion du Christ.

Notre Père ... (1 fois)
Je vous salue Marie... (10 fois)
Gloire au Père... (1 fois)
Ô mon Jésus ... (1 fois)

2. La Flagellation de Jésus

Méditation : Jésus est flagellé sur l'ordre de Pilate. Il subit la torture pour expier nos péchés.

Extrait de la vie de Benoîte : La Vierge Marie révéla à Benoîte l'importance de comprendre la souffrance de son Fils. Elle dit : « Benoîte, regarde les souffrances de mon Fils et médite sur son sacrifice. Il a souffert pour toi, pour ton salut. » Benoîte méditait souvent sur la Passion de Jésus et offrait ses propres souffrances en réparation pour les péchés du monde.

Message de la Sainte Vierge à Benoîte : « Mon enfant, comprends la profondeur des souffrances de mon Fils et offre tes propres douleurs en union avec les siennes pour le salut des âmes. »

Intention de prière : Prions pour que nous soyons toujours conscients du prix de notre salut et offrons nos douleurs à Dieu en union avec celles de son fils pour le salut des âmes.

Notre Père ... (1 fois)
Je vous salue Marie... (10 fois)
Gloire au Père... (1 fois)
Ô mon Jésus ... (1 fois)

3. Le Couronnement d'Épines

Méditation : Les soldats tressent une couronne d'épines et la posent sur la tête de Jésus, se moquant de lui en disant : « Salut, roi des Juifs ! » (Matthieu 27:29).

Extrait de la vie de Benoîte : Lors d'une apparition, la Vierge Marie montra à Benoîte une vision de Jésus couronné d'épines. Elle lui dit : « Benoîte, vois comment mon Fils est couronné d'épines pour ton salut. Honore-le comme ton Roi et ton Sauveur. » Benoîte vécut avec une grande dévotion envers le Christ souffrant, le reconnaissant comme son Roi et Sauveur.

Message de la Sainte Vierge à Benoîte : « Mon enfant, reconnais la royauté de mon Fils même dans sa souffrance. Honore-le comme ton Roi et ton Sauveur. »

Intention de prière : Prions pour que nous reconnaissions la royauté du Christ dans nos vies et que nous lui rendions honneur et gloire à chaque instant.

Notre Père ... (1 fois)
Je vous salue Marie... (10 fois)
Gloire au Père... (1 fois)
Ô mon Jésus ... (1 fois)

4. Le Portement de la Croix

Méditation : Jésus porte sa croix jusqu'au Golgotha, tombant plusieurs fois sous son poids. Marie, suivant son Fils dans ce chemin de croix, a partagé sa douleur et sa souffrance.

Extrait de la vie de Benoîte : Benoîte connut également des épreuves et des difficultés. Un jour, la Vierge Marie lui dit : « Ma fille, porte ta croix avec courage et persévérance. Chaque souffrance offerte avec amour est une participation à la Rédemption. » Benoîte accepta ses épreuves avec foi, les offrant en union avec les souffrances du Christ.

Message de la Sainte Vierge à Benoîte : « Mon enfant, porte ta croix avec courage et offre tes souffrances en union avec celles de mon Fils pour le salut des âmes. »

Intention de prière : Prions pour que nous ayons la force et le courage de porter nos croix quotidiennes en union avec Jésus, en trouvant en lui notre soutien et notre consolation.

Notre Père … (1 fois)
Je vous salue Marie… (10 fois)
Gloire au Père… (1 fois)
Ô mon Jésus … (1 fois)

5. La Crucifixion et la Mort de Jésus

Méditation : Sur le Golgotha, Jésus est cloué sur la croix et donne sa vie pour la rédemption du monde. Il dit : « Père, entre tes mains je remets mon esprit » (Luc 23:46).

Extrait de la vie de Benoîte : Benoîte méditait souvent sur la crucifixion et la mort de Jésus. Un jour, la Vierge lui apparut et dit : « Benoîte, mon Fils a donné sa vie pour toi. Vis chaque jour en reconnaissance pour ce grand sacrifice. » Touchée par cette révélation, Benoîte consacra sa vie à honorer le sacrifice de Jésus et à témoigner de son amour rédempteur.

Message de la Sainte Vierge à Benoîte : « Mon enfant, vis chaque jour dans la gratitude pour le sacrifice de mon Fils et sois un témoin de son amour rédempteur. »

Intention de prière : Prions pour que nous vivions chaque jour dans la gratitude pour le sacrifice de Jésus pour chacun de nous et que nous soyons des témoins de son amour rédempteur.

Notre Père ... (1 fois)
Je vous salue Marie... (10 fois)
Gloire au Père... (1 fois)
Ô mon Jésus ... (1 fois)

1. La Résurrection de Jésus

Méditation : Le troisième jour, Jésus ressuscite des morts, triomphant du péché et de la mort.

Extrait de la vie de Benoîte : Benoîte fut souvent encouragée par la Vierge à vivre dans l'espérance de la résurrection. Un jour, la Vierge lui dit : « Ma fille, la résurrection de mon Fils est la preuve de sa victoire sur le mal. Vis chaque jour dans la joie et l'espérance de cette victoire. » Benoîte trouva dans ce message une grande force et vécut dans la joie de la résurrection.

Message de la Sainte Vierge à Benoîte : « Mon enfant, vis chaque jour dans la joie et l'espérance de la résurrection. Proclame la victoire de mon Fils sur la mort. »

Intention de prière : Prions pour que nous vivions chaque jour dans la joie et l'espérance de la résurrection, proclamant la victoire du Christ sur la mort.

Notre Père ... (1 fois)
Je vous salue Marie... (10 fois)
Gloire au Père... (1 fois)
Ô mon Jésus ... (1 fois)

2. L'Ascension de Jésus

Méditation : Quarante jours après sa résurrection, Jésus monte au ciel et est assis à la droite du Père. Il promet d'envoyer l'Esprit Saint pour guider ses disciples.

Extrait de la vie de Benoîte : La Vierge Marie parla souvent à Benoîte de l'importance de rester fidèles aux enseignements de Jésus. Elle dit : « Benoîte, mon Fils est monté au ciel, mais il n'a pas quitté ses disciples. Il est avec toi par son Esprit. Sois fidèle à ses enseignements et attends son retour avec confiance. » Benoîte vécut chaque jour avec cette espérance et cette fidélité.

Message de la Sainte Vierge à Benoîte : « Mon enfant, sois fidèle aux enseignements de mon Fils et vis dans l'espérance de son retour glorieux. »

Intention de prière : Prions pour que nous restions toujours fidèles à la mission que Jésus nous a confiée et que nous vivions dans l'espérance de son retour glorieux.

3. La Pentecôte

Méditation : Le jour de la Pentecôte, l'Esprit Saint descend sur les apôtres, les remplissant de force et de courage pour annoncer l'Évangile. La Vierge Marie, présente au Cénacle, reçoit aussi l'Esprit Saint.

Extrait de la vie de Benoîte : La Vierge Marie enseigna à Benoîte l'importance de la prière et de l'ouverture à l'Esprit Saint. Elle dit : « Benoîte, l'Esprit Saint est ton guide et ton consolateur. Prie chaque jour pour recevoir ses dons et sois ouverte à son action dans ta vie. » Benoîte, fidèle à ce conseil, invoqua souvent l'Esprit Saint et vécut sous sa conduite.

Message de la Sainte Vierge à Benoîte : « Mon enfant, ouvre ton cœur à l'Esprit Saint et laisse-le te guider dans ta mission d'annoncer l'Évangile. »

Intention de prière : Prions pour que l'Esprit Saint nous remplisse de ses dons et nous guide dans notre mission d'annoncer l'Évangile au monde.

Notre Père ... (1 fois)
Je vous salue Marie... (10 fois)
Gloire au Père... (1 fois)
Ô mon Jésus ... (1 fois)

4. L'Assomption de la Vierge Marie

Méditation : À la fin de sa vie terrestre, Marie est élevée corps et âme au ciel, où elle est couronnée Reine du ciel et de la terre.

Extrait de la vie de Benoîte : La Vierge Marie apparut à Benoîte et lui dit : « Benoîte, ma fille, mon Assomption est un signe de la gloire qui attend ceux qui sont fidèles à Dieu. Vis chaque jour dans la fidélité et aspire à la gloire éternelle. » Benoîte comprit alors que la fidélité à Dieu mène à la gloire éternelle et vécut avec cette espérance.

Message de la Sainte Vierge à Benoîte : « Mon enfant, vis chaque jour dans la fidélité à Dieu et aspire à la gloire éternelle promise aux saints. »

Intention de prière : Prions pour que nous vivions chaque jour dans la fidélité à Dieu, en aspirant à la gloire éternelle promise aux saints.

Notre Père … (1 fois)
Je vous salue Marie… (10 fois)
Gloire au Père… (1 fois)
Ô mon Jésus … (1 fois)

5. Le Couronnement de Marie Reine du Ciel et de la Terre

Méditation : Marie est couronnée Reine du ciel et de la terre, en reconnaissance de son rôle unique dans le plan de la rédemption.

Extrait de la vie de Benoîte : La Vierge Marie révéla à Benoîte son intercession puissante et constante pour l'humanité. Elle dit : « Benoîte, je suis Reine du ciel et de la terre. Confie-moi tes prières et tes intentions, et je les présenterai à mon Fils. » Benoîte vécut chaque jour sous la protection maternelle de Marie et recourut à son intercession en toutes circonstances.

Message de la Sainte Vierge à Benoîte : « Mon enfant, aie toujours recours à mon intercession et vis sous ma protection maternelle. »

Intention de prière : Prions pour que nous ayons toujours recours à l'intercession de Marie, Reine du ciel et de la terre, et que nous vivions sous sa protection maternelle.

Notre Père ... (1 fois)
Je vous salue Marie... (10 fois)
Gloire au Père... (1 fois)
Ô mon Jésus ... (1 fois)

Conclusion : En méditant sur les mystères du Rosaire à la lumière des apparitions et des messages reçus par Benoîte Rencurel, nous découvrons la profondeur de l'amour de Dieu et de la Vierge Marie pour chacun de nous. Que ce rosaire nous fortifie dans notre foi, notre espérance et notre charité, et nous rapproche toujours plus du Cœur de Jésus et de Marie. Amen.

Que la Sainte Vierge Marie comble de grâces toutes les personnes qui prieront avec ce rosaire médité.

SOUVENEZ-VOUS

Souvenez-vous, ô très miséricordieuse Vierge Marie, qu'on n'a jamais entendu dire qu'aucun de ceux qui avaient eu recours à votre protection, imploré votre assistance, réclamé votre secours, ait été abandonné. Animé d'une pareille confiance, ô Vierge des vierges, ô ma Mère, je cours vers vous et, gémissant sous le poids de mes péchés, je me prosterne à vos pieds. Ô Mère du Verbe, ne méprisez pas mes prières, mais accueillez-les favorablement et daignez les exaucer.

Amen !

PRIÈRE À SAINT MICHEL ARCHANGE

Saint Michel Archange, Défendez-nous dans le combat, soyez notre secours contre la malice et les embûches du démon. Que Dieu lui fasse sentir son empire, nous vous en supplions ! Et vous, Prince des milices célestes, précipitez en enfer, par la force divine, Satan et les autres esprits mauvais qui rôdent dans le monde pour la perte des âmes.

Amen !

JE VOUS SALUE JOSEPH

Vous êtes béni entre tous les hommes et Jésus, l'Enfant divin de votre virginale Épouse est béni. Saint Joseph, donné pour père au Fils de Dieu, priez pour nous dans nos soucis de famille, de santé et de travail, jusqu'à nos derniers jours, et daignez nous secourir à l'heure de notre mort.

Amen !

CONSÉCRATION À MARIE DE ST LOUIS-MARIE GRIGNION DE MONTFORT

Je vous choisis, aujourd'hui ô Marie, en présence de toute la cour céleste, pour ma Mère et ma Reine. Je vous livre et consacre, en toute soumission et amour, mon corps et mon âme, mes biens intérieurs et extérieurs, et la valeur même de mes bonnes actions passées, présentes et futures, vous laissant un entier et plein droit de disposer de moi, et de tout ce qui m'appartient, sans exception, selon votre bon plaisir, à la plus grande Gloire de Dieu, dans le temps et l'éternité.

Amen !

¹HISTOIRE DU LAUS

Benoîte Rencurel, messagère de la réconciliation

---

¹ Extrait du site www.sanctuaire-notredameduLaus.com

Benoîte, une jeune fille comme les autres

1647 : Benoîte Rencurel voit le jour à Saint-Etienne d'Avançon au sein d'une modeste famille. Contemporaine du roi Louis XIV, elle va vivre une époque troublée par les tensions politiques, sociales et religieuses.

Après la mort de son père en 1654, elle se voit contrainte de travailler comme bergère. Avant de commencer à parcourir les montagnes avec ses troupeaux, elle demande à sa mère un chapelet. Ne sachant ni lire ni écrire, elle prie à longueur de journées et devient ainsi une vraie contemplative.

Simple et pleine de vie, elle est proche des gens de son village et n'hésite pas à donner sa nourriture aux enfants plus pauvres qu'elle.

1664 : début d'une longue relation

Mai 1664 : après avoir entendu une homélie de son curé, Benoîte ressent le profond désir de rencontrer la Mère de miséricorde.

Peu après, saint Maurice lui apparaît et lui annonce que son vœu sera exaucé.

À partir du lendemain, une « belle dame » lui apparaît quotidiennement pendant quatre mois au Vallon des fours, à proximité de Saint-Etienne.

Pour la préparer à sa future mission, elle lui apporte une éducation intensive qui transforme son comportement et sa vie spirituelle.

Le 29 août, la belle dame révèle son identité : « Je suis Dame Marie, la Mère de mon très cher Fils. »

Fin septembre, après un mois d'absence, Marie se manifeste à nouveau, mais de l'autre côté de la vallée, à Pindreau :
« Allez au Laus, vous y trouverez une chapelle d'où s'exhaleront de bonnes odeurs, et là très souvent vous me parlerez ».

Un vallon choisi comme refuge pour tous

Le lendemain, Benoîte se rend au hameau du Laus tout proche et trouve la chapelle de Bon-Rencontre grâce aux parfums.
À l'intérieur, debout sur l'autel, Marie lui dévoile son projet :
« J'ai demandé ce lieu à mon Fils pour la conversion des pécheurs
et Il me l'a accordé ».
Elle confie à Benoîte la mission de faire construire une église
et une maison pour les prêtres afin qu'ils reçoivent et confessent les pèlerins.
Recouvrant la chapelle de Bon-Rencontre, l'église est édifiée entre 1666 et 1669. Le jour de sa bénédiction, Benoîte devient membre du tiers-ordre de saint Dominique, d'où le titre de « sœur Benoîte » qui lui sera donné.

Benoîte, témoin de la miséricorde pendant 54 ans d'apparitions

Dès le printemps 1665, les pèlerins affluent au Laus. Ils seront environ 130 000 en 18 mois.
Benoîte remplit auprès d'eux son ministère d'accueil, de prière
et de pénitence. Ayant reçu le don de pouvoir lire dans les consciences, elle éclaire leur démarche de conversion et

les envoie vers les prêtres émerveillés par la qualité des confessions.

Les guérisons et les conversions sont très nombreuses. Entièrement vouée à sa mission, Benoîte vient résider à plein temps au Laus en 1672.

Pendant 54 ans, Marie continue de lui apparaître pour la soutenir dans son apostolat et poursuivre son éducation.

Benoîte, mystique de la compassion

En plus des apparitions mariales, Benoîte voit également des anges, plusieurs saints, et connaît des expériences mystiques comme la vision du Paradis.

Entre 1669 et 1684, elle est gratifiée 5 fois de la vision du Christ crucifié sur la croix d'Avançon. Ainsi unie à lui, elle vit une « crucifixion mystique » chaque vendredi pendant plusieurs années.

Elle traverse d'autres épreuves comme des attaques spirituelles

et physiques du démon ou une mise à l'écart par des prêtres de tendance janséniste pendant 20 ans.

Épuisée par ces luttes et son dévouement, elle décède « joyeusement » le 28 décembre 1718, entourée des prêtres du sanctuaire.

²L'huile du Laus, source de grâces

Dans la basilique, près de l'autel de la chapelle de Bon-Rencontre où Marie est apparue à Benoîte, une lampe brûle en permanence, alimentée par de l'huile, pour indiquer la présence réelle de Jésus dans le tabernacle. « La bonne Mère dit à Benoîte, au commencement de la dévotion, que l'huile de la chapelle, si on en prend et que l'on s'en applique, si on recourt à son intercession et que l'on ait la foi, qu'on guérira. » (Pierre Gaillard, vicaire général du diocèse de Gap, contemporain de Benoîte.) Marie nous propose de poser un acte de foi et de confiance en Dieu avec l'aide de cette huile ordinaire qui a brûlé devant la présence eucharistique de Jésus. A travers ce geste de prière, nous exprimons nos demandes au Seigneur, en passant par la Vierge Marie. L'onction nous aide à ouvrir notre cœur à l'action de l'Esprit-Saint pour recevoir, en réponse à notre prière, les grâces visibles ou cachées de guérison spirituelle ou physique que le Seigneur veut nous accorder dans son amour.
Le sanctuaire reçoit de très nombreux témoignages de personnes affirmant qu'elles ont été soulagées dans leurs douleurs, parfois guéris de leur misères physiques, morales, spirituelles, après avoir prié et utilisé de l'huile de la lampe du sanctuaire.

---

2 Extrait du site www.sanctuaire-notredameduLaus.com

Contacts et Informations

Pour obtenir des informations supplémentaires ou pour réserver un hébergement, vous pouvez contacter le sanctuaire de Notre-Dame du Laus :

Adresse : Sanctuaire de Notre-Dame du Laus, 05130 Saint-Étienne-le-Laus, France

Site Web : www.sanctuaire-notredameduLaus.com

Standard du sanctuaire :
7/7 de 9h00 à 19h00
04 92 50 30 73

Réservation :
04 92 50 30 73
Du lundi au vendredi de 9h à 17h
reservation@notredamedulaus.com

Secrétariat :
04 92 50 95 54
Lundi, mercredi & vendredi
de 9h15 à 11h15 & 14h30 à 17h
sanctuaire@notredamedulaus.com

Accueil du pèlerin :
04 92 50 95 51
Tous les jours de 9h30 à 11h & 14h30 à 17h
Dimanche 9h à 10h
14h à 16h15 & 17h à 17h30
accueildupelerin@notredamedulaus.com

Conclusion

Les apparitions de la Sainte Vierge à Benoîte Rencurel au sanctuaire de Notre-Dame du Laus sont un témoignage puissant de l'amour de Marie pour nous ses enfants et de son désir de nous voir nous convertir et se rapprocher de Dieu. À travers les messages de prière, de pénitence et de conversion, la Vierge Marie nous montre le chemin vers son Fils, Jésus-Christ.

Le sanctuaire de Notre-Dame du Laus reste un lieu de pèlerinage et de grâce, où les fidèles peuvent trouver réconfort, guérison et transformation spirituelle. L'exemple de la vie de Benoîte Rencurel continue d'inspirer et de guider les pèlerins dans leur cheminement spirituel. Que chaque visite à Notre-Dame du Laus soit une rencontre renouvelée avec la miséricorde de Dieu et l'amour maternel de Marie. Amen.

Photos : Patrick MARAJO

Du même auteur :

- Rosaire médité à partir d'extraits de la Bible et des messages de Medjugorje